DE LA NÉCESSITÉ

D'UN

INVENTAIRE APRÈS DÉCÈS

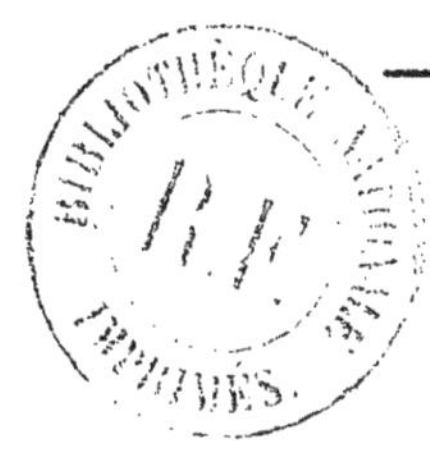

PROJET DE LOI 

MODIFIANT L'ARTICLE 774 DU CODE CIVIL

PAR

M. SORNAY

RECEVEUR DE L'ENREGISTREMENT ET DES DOMAINES

A LORREZ-LE-BOCAGE (Sᵉ-ET-Mᵉ)

—

BRAY-SUR-SEINE

IMPRIMERIE LOUIS COLAS FILS

1894.

DE LA NÉCESSITÉ

D'UN

INVENTAIRE APRÈS DÉCÈS

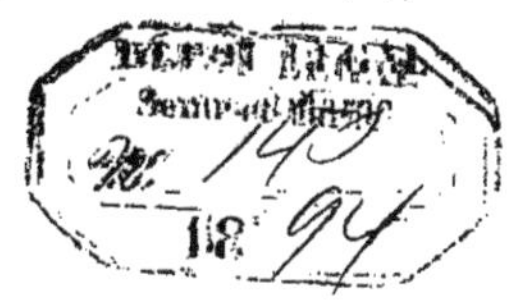

DE LA NÉCESSITÉ

D'UN

INVENTAIRE APRÈS DÉCÈS

PROJET DE LOI

MODIFIANT L'ARTICLE 774 DU CODE CIVIL

PAR

M. SORNAY

RECEVEUR DE L'ENREGISTREMENT ET DES DOMAINES

A LORREZ-LE-BOCAGE (Sᵉ-ET-Mᵉ)

BRAY-SUR-SEINE

IMPRIMERIE LOUIS COLAS FILS

1894.

DE LA NÉCESSITÉ

D'UN

INVENTAIRE APRÈS DÉCÈS

1re PARTIE

C'est en vertu de la règle « Le mort saisit le vif » que l'héritier continue de plein droit le défunt. Mais nul n'est héritier qui ne veut. — Code civil, art. 775. —

Pour continuer la personne du défunt il faut accepter sa succession.

Pour l'accepter, il faut la connaître.

Inventorier, c'est connaître.

L'inventaire est en général, un acte qui a pour objet de constater en détail, la nature et le nombre des effets mobiliers, titres, papiers dont il importe d'assurer la conservation ou mieux : c'est l'acte descriptif qui a pour but, de constater tous les faits susceptibles d'établir les charges et valeurs d'une personne, d'une succession, d'une communauté.

*
* *

Dans notre droit actuel, au lieu de partir de cette idée première et fondamentale que pour accepter une succession il est indispensable au préalable d'en connaître toutes les forces et les charges, les Rédacteurs du Code civil n'ont songé qu'à placer en présence de l'hérédité deux partis opposés : l'acceptation et la renonciation, mais sans faciliter au successible l'option entre ces deux partis par la pleine connaissance de la valeur de l'hérédité à recueillir, au moyen d'un inventaire par exemple, de telle sorte que dans la pratique l'héritier qui accepte ne sait pas ce qu'il accepte, l'héritier qui renonce ne sait pas à quoi il renonce. A la vérité pour atténuer les effets désastreux de cette erreur légale, le législateur a bien établi un moyen terme, qui consiste à subordonner l'acceptation ou la renonciation à une déclaration publique au greffe du Tribunal civil, pour obtenir ainsi le bénéfice d'inventaire qui accorde à l'héritier, entre autres avantages, de ne payer les dettes que jusqu'à concurrence des biens de la succession. Mais cette acceptation, dont il importe ici de ne retenir que la principale conséquence d'obliger l'héritier à faire inventaire, outre qu'elle laisse toujours planer sur la solvabilité du défunt un soupçon injurieux pour sa mémoire, entraîne des frais considérables et une liquidation compliquée. En général, l'héritier accepte purement et simplement et continue en conséquence la personne du défunt en restant responsable de tous ses actes connus ou inconnus.

On s'explique mal aujourd'hui cette responsabilité indéterminée qui rejaillit sur des héritiers complètement étrangers aux affaires bonnes ou mauvaises du défunt et qui semble avoir été inspirée par les antiques menaces des premiers temps du monde « que son sang retombe sur vous et sur vos enfants » ou encore « la tache originelle ». On ne peut qu'approuver toutes tendances à améliorer un tel état de choses.

* *

Ce n'est pas seulement pour obtenir le bénéfice d'inventaire que le législateur a obligé l'héritier à faire inventaire de la masse successorale, il a encore formellement ordonné au tuteur de n'accepter une succession échue au mineur ou à l'interdit qu'après avoir dressé inventaire — Code civil, art. 461 et 509.

Enfin le Code civil invite, mais sans obligation, les héritiers à faire inventaire dans les cas ci-après :

1° L'absence — Code civ., art. 126, — L'intérêt des représentants de l'absent qui peuvent avoir à rendre compte de leur gestion étant trop évident pour qu'ils ne fassent pas dresser inventaire.

2° Lorsqu'il échoit du mobilier aux époux par succession, pour en établir le passif à la charge de la communauté et pour éviter que le mobilier ne se confonde avec celui de la communauté, — Code civ. art. 1414, 1445 — pour donner droit à la reprise de ce mobilier échu, — Code civ. art. 1504, pour conserver à la femme la faculté d'y renoncer.

3° Lorsque l'époux ou l'Etat succède à défaut d'héritiers, leur héritage n'étant parfait qu'après trente ans.

4° Lorsqu'il y a un exécuteur testamentaire nommé, — Code civ. art. 1051, — car il doit rendre compte de sa gestion.

5° En cas de faillite. La loi accorde ici un délai de trois jours aux syndics pour faire inventaire, — Code com. art. 479.

6° En cas de renonciation à communauté par la veuve survivante, — Code civ. art. 1456, — car si elle ne fait pas inventaire dans le délai de trois mois du décès de son mari pour connaître ses droits dans la communauté, elle est censée accepter cette communauté, — Pr. civ. art. 174.

7° Lorsqu'on a le droit d'habitation et d'usage. — Code civ. art. 626, — et lorsque l'usufruitier entre en jouissance,

— Code civ. art. 600, — pour apprécier et juger son administration.

8° Lorsque le légataire est grevé de restitution, — Code civ. art. 1058, — parce que celui qui reçoit est obligé de conserver les biens donnés pour les rendre en mourant aux enfants qui lui survivront.

9° En cas de séparation de biens, — Pr. civ. art. 174. — La loi a accordé un délai de trois mois.

*
* *

Pour bien saisir l'utilité de l'inventaire il importe de rappeler ici les règles de cet acte, tracées par l'article 943 du Code de procédure, ainsi conçu :

Outre les formalités communes à tous les actes devant notaires, l'inventaire contiendra :

1. Les noms, professions et demeures des requérants, des comparants, des défaillants et des absents s'ils sont connus : du notaire appelé pour les représenter, des commissaires priseurs et experts et la mention de l'ordonnance qui commet le notaire pour les absents et défaillants.

2. L'indication des lieux où l'inventaire est fait.

3. La description et estimation des effets, laquelle sera faite à juste valeur et sans crue.

4. La désignation des qualités, poids et titres de l'argenterie.

5. La désignation des espèces en numéraire.

6. Les papiers seront cotés par première et dernière ; ils seront paraphés de la main d'un des notaires ; s'il y a des livres et registres de commerce, l'état en sera constaté, les feuillets en seront littéralement cotés ou paraphés s'ils ne le sont : s'il y a des blancs dans les pages écrites, ils seront bâtonnés.

7. La déclaration des titres actifs et passifs.

8. *La mention du serment prêté, lors de la clôture de l'inventaire par ceux qui ont été en possession des objets avant l'inventaire ou qui ont habité la maison dans laquelle sont lesdits objets, qu'ils n'en n'ont détourné, vu détourner, ni su qu'il en ait été détourné aucun.*

9. La remise des effets et papiers, s'il y a lieu, entre les mains de la personne dont on conviendra ou qui à défaut sera nommée par le Président du tribunal.

Le législateur a donc fixé de nombreux cas dans lesquels il y a, sinon obligation, du moins utilité de faire inventaire, et cela dans les situations les plus difficiles et les plus délicates.

Pourquoi n'étendrait-on pas cette obligation, en la généralisant, à tous les décès des personnes non indigentes ? Cette obligation n'atteindrait pas des personnes plus dignes d'intérêt que les mineurs, les incapables et les femmes mariées ?

Peut-être reprocherait-on d'immiscer les étrangers dans le secret des familles ? Il est facile de répondre que le secret ne serait pas plus divulgué si le mari survivait sans enfant mineur, qu'il est actuellement divulgué lorsque la femme survit avec des mineurs. De plus, le secret professionnel est une garantie sérieuse de la part du notaire.

**

On peut aussi vainement arguer que l'inventaire fait dans d'autres cas que ceux fixés par le législateur serait inutile.

Répondre à cette objection, c'est exposer les motifs du projet de loi.

Dans l'état actuel de notre législation, il est constamment admis qu'au moyen de l'inventaire les droits de tous les intéressés sont sauvegardés. C'est d'ailleurs le but de l'inventaire.

Il n'est donc point téméraire de prétendre qu'à défaut d'inventaire les droits de personne ne sont conservés : ni les droits des héritiers, ni les droits de l'Etat. En thèse générale, c'est au premier héritier, souvent au premier domestique soignant le moribond qu'est confiée la protection de l'héritage. Cet héritage livré au premier venu, c'est le cas de le dire, ne doit-il pas être protégé, sauvegardé en quelque sorte par une déclaration devant un officier ministériel, sous serment de n'avoir rien détourné ; et quand même le premier venu aurait toutes les qualités pour hériter, ne doit-il pas rendre à l'Etat, un compte exact de son héritage ? Par qui sont donc protégées ces terres, ces valeurs recueillies dans l'héritage, si ce n'est par l'Etat.

Cet Etat, comme l'enseigne le législateur, ne doit-il pas recevoir pour sa tutelle, comme une quote part de cette succession, dont il garantit l'intégralité. Comment contrôler la quotité de ce prélèvement s'il n'y a pas inventaire exact de la consistance des biens ?

*
* *

Dans l'intérêt supérieur de la famille, base de toute société, ne doit-on pas toujours faire inventaire ? Ne sait-on pas que les père et mère vivent souvent loin de leurs enfants et qu'à un âge avancé leur volonté s'anihile assez pour abandonner le patrimoine sacré de la famille à des étrangers flatteurs autant que peu scrupuleux. Ces ravisseurs de succession n'hésiteraient-ils pas dans l'accomplissement de leur sinistre besogne s'ils étaient certains qu'un inventaire doit être dressé par des hommes rompus aux affaires, bien placés pour s'entourer de tous les renseignements propres à rétablir la masse successorale et qu'ils auront à répondre sous foi du serment du dépôt à eux confié ?

**

L'obligation de faire inventaire n'est pas incompatible avec nos mœurs. Non seulement on dresse actuellement inventaire après décès, dans un cas sur trois ; mais dans toutes les administrations, dans toutes les industries, les sociétés, les banques, les maisons de commerce, ne dresse-t-on pas chaque année et même plusieurs fois par an, un inventaire, un bilan ? Ce sont des exemples, des jalons, qu'il importe d'autant plus de ne pas passer sous silence, qu'ils peuvent servir de base aux inventaires après décès et faciliter ainsi les opérations de MM. les notaires.

**

Ici se place naturellement une objection tirée du peu de véracité qu'on devra accorder aux inventaires, à raison du trop grand nombre de ces inventaires, à la rédaction desquels MM. les notaires ne pourront suffire. Dans l'ordre actuel des choses, il ne faut pas croire que le notaire assiste en personne pendant toute la durée des opérations qui peuvent se continuer plusieurs séances. Il n'assiste qu'au serment. C'est un clerc qui agit de concert avec un commissaire-priseur. Il sera facile de multiplier le nombre de ces clercs, qu'on pourra assermenter au besoin. Les greffiers pourront inventorier de concurrence avec les notaires. Au surplus, à l'exception des centres ouvriers où les indigents sont en majorité, on ne s'éloigne pas de la vérité en estimant que sur cent décès, un tiers est actuellement suivi d'inventaire, un tiers sera atteint par la nouvelle règle, l'autre tiers concerne des indigents ou des enfants dont les auteurs sont vivants.

**

Ce n'est ni le lieu, ni l'heure d'amener la discussion au sujet de l'impôt sur le revenu. Quoique des hommes très compétents en matière financière n'envisagent pas avec crainte l'établissement de cet impôt, peu approprié actuellement au caractère et à l'esprit des Français qui n'aiment pas le contrôle de leurs économies, il importe au législateur de prévoir la nécessité d'appliquer cet impôt, en raison des phases plus ou moins critiques qu'un grand peuple, comme le nôtre, peut être appelé à traverser.

L'inventaire ne sera-t-il pas le document le plus propre à contrôler la fortune du contribuable, tout en froissant le moins ses susceptibilités et sa délicatesse ?

N'est-il pas dressé au moment où la fortune se déplace, change de mains, pour servir de titre initial et authentique au nouveau propriétaire, qui pour confirmer ses nouveaux droits n'hésitera pas à remplir les formalités très simples de l'inventaire ?

Signaler l'utilité de ce document, c'est gagner *de plano* les suffrages de toutes les écoles économiques et des législateurs prévoyants qui croient possible en France l'établissement de l'impôt sur le revenu.

**
**

D'une statistique faite dans un canton des environs de Paris, il résulte que :

En 1891 :

Sur 116 déclarations de successions, souscrites après décès,

    35 déclarations, précédées d'un inventaire, ont donné un actif brut de valeurs mobilières s'élevant à. . . . . 330,924 fr.

151   à reporter . . . . . 330,924 fr.

151   Reports . . . . 330,924 fr.

81 déclarations, non précédées d'inventaire, n'ont donné qu'un actif de . 143,080 fr.

46   Différences . . . . . . 187,844 fr.

En 1892,

Sur 114 déclarations de successions, souscrites après décès,

    35 déclarations, précédées d'un inventaire, ont donné un actif brut de valeurs mobilières s'élevant à . . . . 326,045 fr.

    79 déclarations, non précédées d'inventaire, n'ont donné qu'un actif de   177,353 fr.

    44   Différences . . . . . . 148,692 fr.

En 1893,

Sur 144 déclarations de successions, souscrites après décés,

    35 déclarations, précédées d'inventaire, ont donné un actif brut de valeurs mobilières s'élevant à . . . . 336,554 fr.

109 déclarations, non précédées d'inventaire, n'ont donné qu'un actif de . 191,173 fr.

    74   Différences . . . . . . 145,381 fr.

Il y a lieu de remarquer que la plus grande partie des valeurs mobilières, déclarées après les décès non suivis d'inventaire, consiste en titres nominatifs, créances hypothécaires, etc. qui ne pouvaient être dissimulés. Pour 1893 ces valeurs s'élèvent à 79,969 fr.

*
* *

La confection d'un inventaire ayant pour but fiscal d'atteindre spécialement les titres au porteur et autres valeurs mobilières, faciles à détourner, il est intéressant de connaître dans quelles proportions ces valeurs ont été comprises soit dans les déclarations précédées d'inventaire, soit dans les déclarations non précédées d'inventaire :

En 1891,

Sur 97 déclarations souscrites après décès :

35 déclarations, précédées d'inventaire, ont donné des titres au porteur pour . . 56,255 fr.

du mobilier et numéraire pour . . . . 101,778 fr.

62 déclarations, non précédées d'inventaire, n'ont donné des titres au porteur que pour . . . . Néant

et du mobilier et numéraire pour . . . . 19,416 fr.

27   Différences   »   82,362 fr.

En 1892,

Sur 129 déclarations souscrites après décès :

32 déclarations, précédées d'inventaire, ont donné des titres au porteur pour . . 135,255 fr.

du mobilier et numéraire pour . . . . 122,190 fr.

77 déclarations, non précédées d'inventaire, n'ont donné des titres au porteur que pour . 5,439 fr.

du mobilier et numéraire pour . . . . 32,907 fr.

45   Différences 129,816 fr. 89,283 fr.

En 1893.

Sur 128 déclarations souscrites après décès :

> 28 déclarations, précédées d'inventaire, ont donné des titres au porteur pour . .103,911 fr.
>
> du mobilier et numéraire pour . . . .   76,522 fr.
>
> 100 déclarations, non précédées d'inventaire, ont donné des titres au porteur pour . .   471 fr.
>
> du mobilier et numéraire pour . . . .   38,703 fr.

| 72 | Différences | 103,440 fr. | 37,819 fr. |

C'est dans l'examen du résultat de ces chiffres mathématiques que le nouveau projet de loi puise ses meilleurs arguments pour triompher de toutes les résistances. Un des plus beaux fleurons de notre devise républicaine, c'est l'Egalité. N'est-ce pas le cas d'appliquer ce juste principe de notre République ? Il existe dans la situation actuelle du contribuable français qui paye les droits de mutation par décès, sans qu'il y ait inventaire, une disproportion flagrante, inique, avec la situation du contribuable qui paye les droits sur les valeurs inventoriées. Prenez cent contribuables ayant au su et au vu de tous, une fortune mobilière égale, constatez les valeurs qui ont supporté le droit de mutation après leur décès, vous verrez que les héritiers qui ont fait faire inventaire ont payé 10 fois, 20 fois plus d'impôt que ceux qui n'ont pas fait inventaire, par suite de la facilité avec laquelle ces derniers peuvent dissimuler l'argent et les valeurs mobilières. Il est trop facile de se rendre compte dans tous les bureaux de l'Enregistrement de cette injustice criante, qui se reproduit tous les jours dans toutes les parties de la France.

Tel rentier a chevaux, voitures, un train de maison

dont l'entretien suppose nécessairement, fatalement, trente mille francs de rente. Consultez à sa mort le registre des mutations par décès. S'il n'y a pas eu inventaire, ses héritiers ont payé l'impôt sur un capital dérisoire, presque négatif. C'est cette injustice qu'il importe de faire cesser sans retard. L'occasion se présente actuellement au moment où une proposition de loi ayant pour but de modifier le régime des successions est déposée sur les bureaux de la Chambre par MM. Dupuy-Dutemps et plusieurs de ses collègues. Il suffit de remplacer l'article 774 du Code civil ainsi conçu : « Une succession peut être acceptée purement et simplement ou sous bénéfice d'inventaire » par la nouvelle rédaction :

« Nul ne peut accepter une succession, purement ou simplement ou sous bénéfice d'inventaire, sans faire dans les cinq mois du décès dresser inventaire des forces et charges de cette succession ».

Cette rédaction a d'autant plus d'importance qu'elle donne une base sérieuse à la réforme proposée par MM. Dupuy-Dutemps et ses collègues, qui veulent défalquer le passif des successions et dégrever les successions inférieures à mille francs. C'est l'inventaire seul, en effet, qui peut donner le titre sérieux, récapitulant les charges passives, pour faire foi devant l'agent chargé de la perception ; c'est l'inventaire seul qui peut écarter la fraude, en fixant, si le défunt laisse un actif supérieur ou non à mille francs.

Bien plus, si le projet Dupuy-Dutemps, comme le projet Félix Faure ne font que supprimer une injustice fiscale au moyen d'un roulement de taxes, le nouvel article 774 tout en faisant cesser une injustice aussi flagrante, en rétablissant pour tous l'égalité devant l'impôt de mutation par décès, a l'avantage très appréciable de donner une plus-value importante aux ressources annuelles du Trésor.

En résumé, ce nouveau projet de loi n'innove rien, ne fait que généraliser une mesure d'ordre et de protection qui s'exerce tous les jours avec efficacité et qui est depuis longtemps entré dans nos mœurs. Il aura pour résultat immédiat de répartir le plus équitablement possible l'impôt de mutation par décès, entre tous les citoyens suivant leurs véritables ressources, pour donner à notre budget un nouvel aliment que des statistiques sérieusement établies n'évaluent pas à moins de dix millions chaque année.

2ème PARTIE

Le devoir du législateur n'est pas tant seulement de créer de nouvelles lois, que de prévoir les résultats de ces lois elles-mêmes.

C'est l'oubli de ce principe qui, dans ces derniers temps, a fait avorter en matière financière les lois les mieux conçues, notamment les lois sur le timbre des affiches et sur l'usufruit légal.

Ces résultats peuvent être examinés au double point de vue du droit civil et du droit fiscal.

***

En droit civil, le défaut d'inventaire empêchera l'acceptation d'être parfaite, et le successible ne pourra valablement contracter, vendre, échanger, disposer. C'est la conséquence naturelle de l'absence d'inventaire, puisque la loi nouvelle ne peut accorder ce droit d'accepter à un héritier sans lui avoir facilité la connaissance de l'étendue de ce droit.

Mais cette formalité ne change aucunement le titre d'héritier qui appartient au successible, avant toute acceptation, en vertu de la vocation de la loi qui le déclare dès l'instant de l'ouverture de la succession, propriétaire de tous les biens du défunt. — Code civil, art. 711. — Elle ne fait que suspendre son droit, comme mesure d'ordre et de protection.

Le bénéfice d'inventaire offre une analogie remarquable avec la situation accordée à l'héritier par la nouvelle loi. En effet, l'héritier bénéficiaire qui ne fait pas inventaire est déchu de certains avantages, comme de ne pas confondre ses biens avec ceux du défunt.

De même l'héritier pur et simple, qui ne fait pas inventaire, sera d'après le nouveau projet de loi déchu de la faculté de contracter en connaissance de cause et par suite valablement aux yeux de la loi.

*
* *

Le nouveau projet de loi n'a pas la prétention d'empêcher complètement le détournement des titres au porteur, numéraire et autres objets mobiliers faciles à dissimuler, mais son premier mérite sera de donner une sanction pénale à ce détournement en faisant rentrer chaque contribuable dans le droit commun, établi par les articles suivants du Code civil :

Art. 801. — L'héritier qui s'est rendu coupable de récélé, ou qui a omis, sciemment et de mauvaise foi, de comprendre dans l'inventaire des effets de la succession, est déchu du bénéfice d'inventaire.

Art. 1477. — Celui des époux qui aurait diverti quelques effets de la communauté, est privé de sa portion dans les dits effets.

Il est évident que l'absence d'inventaire empêche toujours actuellement l'application des sanctions édictées par ces deux articles.

*
* *

Dans la pratique, on n'a pas à craindre que la nouvelle loi reste lettre morte. Messieurs les notaires sont trop intéressés, pour l'ordre et la régularité de leurs actes, à analyser, à connaître les titres de propriété d'une succession, d'une communauté d'une personne pour ne pas toujours exiger dans les contrats la représentation d'un inventaire.

Il reste la question secondaire des actes de mutation passés sous seings privés. Dans ces actes, il est facile d'exiger des parties, pour l'enregistrement, la mention du dernier inventaire, comme on rappelle l'origine de propriété. D'autre part, le conservateur des hypothèques pourra, pour la transcription, exiger la même mention, car on sait quelle importance a pour lui l'exactitude des noms et qualités des parties que l'intitulé d'inventaire donne toujours avec certitude.

*
* *

Il est inutile d'insister sur les avantages de l'inventaire en droit fiscal. La statistique prouve que l'impôt atteindra son maximum de produit en frappant également tous les contribuables suivant leurs ressources.

Il est bon toutefois de signaler qu'il est admis dès aujourd'hui par la jurisprudence que le dépôt d'une expédition de l'inventaire au moment de la déclaration de succession, dégage le contribuable de toute erreur de fait en le rendant indemne de toute pénalité. Cette faveur est d'autant plus importante à signaler que les réclamations nombreuses et incessantes du fisc, qui énervent actuellement l'impôt, deviendront par ce moyen de plus en plus rares. Les héritiers seront donc intéressés à déposer une expédition de l'inventaire à l'appui de leurs déclarations : dépôt qui sera d'ailleurs obligatoire, puisque l'état estimatif prescrit corrélativement avec l'inventaire par l'article 27 de la loi de Frimaire, sera supprimé forcément par la nouvelle loi, dans la plupart des cas.

*
* *

Le dépôt de l'expédition de l'inventaire et la suppression de l'état estimatif préparent habilement une réforme réclamée par tous : la suppression de la transcription sur un registre spécial des déclarations de successions.

L'intérêt du contribuable exige tout d'abord cette réforme. On ne voit jamais en effet dans la pratique un contribuable ou même un notaire écouter la lecture d'une déclaration de succession après la transcription sur le registre. L'agent de perception est donc le maître de la déclaration ; il peut supprimer, effacer ce qui lui plaît ou déplaît : personne ne s'en inquiète ; si c'est un projet fourni par un notaire, il peut ne pas le rendre et le détruire. Rien en un mot, en l'état actuel des choses, n'empêche le receveur de modeler une déclaration destinée à devenir pour lui une source de découvertes de droits célés : condition indispensable pour être bien noté. Le contribuable qui paie cent francs de droits de mutations par décès ne s'inquiète pas d'autre chose que d'avoir une quittance de cent francs.

L'intérêt de l'État réclame aussi cette réforme. Ses agents auront sous les yeux l'œuvre des héritiers et pourront opposer aux contribuables leurs propres déclarations, en cas d'omissions ou d'insuffisances. Pour faciliter la réforme, les déclarations devront être faites sur du papier timbré uniforme de 1 fr. 20 ou de 1 fr. 80. Les dossiers seront ainsi plus facilement conservés. La recette se fera sur un regis-

tre à souche, comme pour la recette des droits et produi s
constatés. Ce registre sera arrêté jour par jour et il sera
toujours facile de rapprocher les quittances de la souche.

*
* *

Pour l'équilibre de notre budget actuel, il est de principe qu'on ne peut demander un dégrèvement sans four-
nir en même temps une recette équivalente à l'importance
de ce dégrèvement. L'entente unanime du Gouvernement
et des Chambres pour venir en aide à l'agriculture prouve
qu'un dégrèvement dans notre budget ne peut porter plus
heureusement que sur nos campagnes : premières et véritables sources de la richesse française. Mais pour opérer
ce degrèvement il importe de ne pas s'écarter des règles
suivies jusqu'à ce jour. Dans les moments les plus critiques de notre histoire financière, le législateur s'est gé-
néralement contenté d'augmenter d'un ou deux décimes le
principal des droits d'enregistrement sans toucher à ce
principal. Pourquoi aujourd'hui, puisque nous jouissons
d'une paix parfaite, sans crise financière à l'horizon, se-
rions-nous plus téméraires que nos ancêtres au milieu des
guerres et des révolutions ?

L'Agriculture supporte plus difficilement que les autres
forces vives de la nation l'impôt de guerre, c'est-à-dire ces
décimes ajoutés au principal des droits. Les guerres finies,
les dettes payées, quel système plus simple et plus poli-
tique que de supprimer cet impôt de guerre en supprimant
ces décimes.

Ce serait assurément plus logique que de réduire, comme dans le projet Dupuis-Dutemps, de 6 fr. 88 0/0 décimes
compris, à 3.75 0/0 sans décimes, les droits sur les ventes
d'immeubles ruraux, pour augmenter par compensation de
2 fr. 50 0/0 à 3 fr. 75 0/0 décimes compris, les ventes publiques
de récoltes, attirail de culture, bestiaux, etc., si nombreuses

et si importantes pour les intérêts agricoles. Pour l'établissement d'un budget, il ne suffit pas de diminuer la quotité d'un impôt pour augmenter au hasard la quotité d'un autre impôt. Si le projet Dupuis-Dutemps fait disparaître quelques véritables injustices : telles que la déduction des dettes grevant les héritages et la suppression de l'impôt payé deux fois sur la même valeur par l'usufruitier et le nu-propriétaire, il crée d'un autre côté une injustice encore plus criante. D'après ce projet, l'impôt en ligne directe est augmenté de moitié. C'est le renversement des lois les plus saines d'une société qui a pour base la famille. C'est attaquer directement la puissance du père de famille qui consacre tous les instants de sa vie à élever ses enfants. Au lieu du dégrèvement en ligne directe, réclamé par le peuple français tout entier, c'est une aggravation de ses charges ! !

Ce n'est pas assez de l'impôt du sang pour la famille, c'est sa fortune elle-même que vous battez en brèche ! !

Un gouvernement qui voudrait se rendre impopulaire n'agirait pas autrement. Et, chose extraordinaire et invraisemblable, c'est par cette augmentation d'impôt en ligne directe, que les dégrèvements projetés seront le plus largement compensés.

Ces dégrèvements eux-mêmes manquent complètement leur but principal, qui est de favoriser l'agriculture. Chacun sait qu'en l'absence d'inventaire permettant d'imposer à bon droit les valeurs mobilières, c'est la terre, dont la possession se rattache si étroitement à l'existence même de la famille, qui supporte toujours intégralement le plus d'impôts. Pas d'omission ou de dissimulation possible.

De plus, chaque année elle supporte encore l'impôt foncier, véritable impôt sur le revenu qui ne frappe jamais les valeurs mobilières d'une façon aussi parfaite.

Tout bon citoyen français ne peut qu'adjurer les Cham-

bres de ne pas voter cette aggravation de l'impôt en ligne
directe. Leur abstention est d'autant plus facile que la
plus-value que le budget pourrait en retirer sera largement
compensée si elles veulent bien adopter l'établissement de
l'inventaire après décès, par la modification de l'article 774
du Code Civil, indiquée dans le présent rapport.

Bray-sur-Seine. — Imp. Louis Colas